英語ができない親の脳
英語ができる子どもの脳

早稲田アカデミーIBS主宰
松井義明

ポプラ社

はじめに

小1、小2で「大学入試センター試験」がすらすら解ける！

進学塾「早稲田アカデミー」が２０１２年春、小さな英語教室を創りました。

「Integrated Bilingual School (IBS)」—。場所は御茶ノ水、生徒席わずかに23。

しかし、この小さな教室はその後、何かと話題になります。新聞、雑誌、テレビの取材、学校関係者、教育評論家の方々の見学、学術学会でも紹介されました。というのもこの教室は、「ABCからはじめて、1年半で英検2級（センター試験レベル）に合格」「2級の合格率71％（一般合格率は約25％）」「5歳児が2級合格」といった、従来の感覚でいうとちょっと信じられない結果を出してきたからなのです。

「帰国子女が多いのでは？」——。いえ、帰国子女は少数派です。

「わかった、では毎日何時間も缶詰状態にして勉強させてるんだね？」——。いえ、授業は週に1回、最大2時間半だけです。

「偏差値のマジシャン」が米国ハーバード大学で見たものは

さかのぼること27年前。わたしは「塾の英語の先生」をしていました。自分のことですので恐縮ですが、「偏差値のマジシャン」とほめていただくこともありました。

しかし一方で「試験のための英語」は「試験のあと役に立たない」現実に直面。

「なんで〝偏差値〟と〝英会話〟は共存しないんだ。何かがおかしいのではないか…」。

こうした想いは、わたしをアメリカでの外国語教育研究の道に進ませました。足かけ16年にわたる研究の中で、わたしは、いつしか願っていました。

「あぁ、日本でもう一度、〝塾の先生〟になれれば…そんな幸せな機会があれば、こうしてあげるのに。ああもしてあげるのに。そして、もっと喜んでもらえるのに」

「英検」に受かることがすべてか。「会話」ができればいいのか。「受験」に勝てればいいのか。——わが子に付けてあげたい英語力は、そんなものであるはずがありません。では、いったい何なのか。それは「感動」です。

お父さん、お母さんにとって、わたしのささやかな体験が、少しでもお役に立てれば、との思いで書いたのが本書です。難しい学術用語は一切避け、気軽に読んでいただけるもの、ただし具体的に役立つものにと心がけました。

では、「偏差値のマジシャン」の物語、はじまります。

ＩＢＳでは、「学年」ではなく「習熟度別」にクラスを決めています。また英語の世界にスイッチするためにご家庭で決めた「ニックネーム」で授業に参加しています。

しかし進学先は帰国子女が多く…
みんな喋りも聞きとりもわたしよりもずっとできる!!
わたしの勉強法ってなんだったんだろう?
結局 英語は挫折し別の道へ――
そんな二人の間に生まれたのが
待望の男の子!!
幼稚園時代は特別な英語教育はしなかったが
小1のとき雑誌でIBSを知り説明会へ…
とりあえず来てみたけど…
わ!!

これだけの親が英語を子どもに勉強させようとしているの!?
びっくり!!
指導方法もとてもよさそうだ
よし決めた!!
これからの時代歯と英語は親の責任だ!!
というわけでIBSに入会
Cassiopeia自身は最初は…
英語が話せるようになればいいかな
くらいだったが
授業を受けると…
Now let's talk a little bit about other space!
↑
では次のテーマは「宇宙」です
先生は全員バイリンガル

IBSの授業ではWeb画面なども活用する
Do you see these rings around Saturn? These rings are actually made of ice and rock.

土星の周りの輪が見える？これは水と岩でできているよ
あ！宇宙の話だ!!

先生の説明もうまいしわかりやすい!!

楽しかった!!ディズニーランドよりおもしろいよ!!

さすが!!

でも初心者なのに日本語がゼロだなんて…

文法にも全然ふれないし…

本当についていける？

しかし母の心配をよそにフォニックスを習得してからは…

英語の本を読むのが楽しい!!

ゲームより楽しい!!

えっその本もう読みおわったの？

フォニックスについてはP84を

すごい!!
こんな英単語も、もうわかるんだ!!
はっ
わたしの知っている勉強法と違ってもいいんだ!!
まずはわたしの意識を変えなきゃ!!
それからはさらに家族で協力
また新しい英語の本買ったわよ!!
父さんは手づくり教材をつくったぞ!!
せっかくのチャンスだしわたしももう一度英語にむかいあおう
この子の3倍は勉強しないと付いていけないわ!!
おっ
がんばれ!!

そしてみごと2級に合格
わー
えへん
たった2年でここまで成長したのはご両親のおかげ!!
ご両親とCassiopeiaのチームワークがよかったんでしょう
なかなかここまでできませんよ
そんなそんな
将来はMITでもいいしジュリアード音大でもいいなー
小学校の授業はレベル低くてつまんないよ
学力アップと共にナマイキ度もアップしてきたな笑
さらに最近は反抗期に突入！家族チームに変化の兆し
男の子は2歳と小3が大変ですがんばって!!
うるさいなー!!
・・・
小5になると落ちつきますよ

親の実力関係なし!
公立小の5年生です
小3で英検2級に合格しました!
英語ニックネーム
Juliet
Julietの父は高卒
長距離のトラック運転手
仕事柄留守がち
勉強にはなかなかつきあえない
母も高卒
医療事務の仕事
ずっと英語とは無縁で
正直嫌いでした

そんな家族環境のJulietがなぜ英語に目覚めたのかといえば…
わたしは不得意だったけどこれからの時代英語は必要よね
でもどうすればいいの?!
とりあえずなんでも英語は聞かせていた
Hi!
でも2歳半のとき
保育園で英語が習えるんですか!?
わたしたちが教室に連れて行って帰ってきますので!!
保育園の先生
すると——
OH!!
Julietちゃんだけ泣かないのね!!
ぴょこん
この子は耳がいいです!!
えーご
すきー!!

そして年長のとき
近所にインターができるのね…
へー…
フリーペーパー
えっ もう わたしよりずっと英語喋れる!!
1年だけ通わせることに
友だちもできて楽しそう!!
すると そこで知りあったお母さんが
いちど英検を受けさせてみたら?
教えてあげるわよ
英検!?
まだ日本語もちゃんとしてないのに!?
でも児童英検なら…
ええっ 普通の英検!?
しかしいざ試験を受けてみると…
4級 5級 合格!!
年長
3級 合格!!
小1
試験楽しかった!!
準2級 合格
小2

でもさすがに2級は苦戦――
難しいね〜
この子は日本人じゃないみたい…インターのほうがのびのびしてたし…
もっともっとこの子の世界を広げてあげたい!!
そんなときＩＢＳを知り――
説明会へ
うわっ熱心そうなママばっかり!!
うちは受験は…
びくびく
うちにはやっぱりムリかも
でも松井先生は興味津々――
親が勉強にノータッチで準2級なんておもしろい!!
感性だけでここまで突っ走ってきたレアケースだ!!
ほっ
はあ…

でも2級からは考えたことを書かなきゃいけない
うちで勉強するスイッチを入れていきましょう!!
え～勉強?
こらこらっ
でも本を読むことからスタートすると…
うわー英語の本がいっぱい!!
うれしい!!
IBSライブラリー
それからは読書が大好きに
『ハリー・ポッター』なら1日で読むよ!!
日本語より英語の本がおもしろい!!
Harry Potter
知らない単語もあるでしょ?
勘で読んでいくんだよ!!
分厚い本をサラサラ読んで…
家でもとにかく読書!!
本当にわかってて読んでいるのかしら…

そしてなんとIBSに入って1年で2級合格
面接が満点に近い!! これホントにJulietの点数!?
ふーーん☆
試験の面接のとき質問内容がおもしろかったよー
ねえシャーペン分解したら戻せない～!!
不思議な子
英語以外は幼いところも多いのに…
英語になると…
将来はMITに行きたい!!
宇宙飛行士になりたいの!!
MITって何!?
うん向いているよがんばれ!!
わたし、宇宙人を産んでしまったのかしら…?
娘のパワーにびっくりの毎日です!!
ママ～!!
ハーイ

『英語ができない親の脳　英語ができる子どもの脳』目次

1　英語ができない親の脳

2

英語ができる子どもの脳

3

ゼロからはじめて1年で
まず3級に合格する
子どもの英語勉強法

企画・編集　株式会社BOOK PLANNING（高岡幸佳　笠原仁子）
執筆協力　佐藤淳子
ブックデザイン　tobufune（小口翔平・平山みな美）
コミック・イラスト　カワハラユキコ
DTP　有限会社シードアップ

1

英語ができない
親の脳

「使える英語」が身に付かない勉強法

時間もお金もかけてきたのに、結局使える英語が身に付かなかった。自身の勉強を振り返ってそう嘆く、お父さん、お母さんが少なくありません。

まず確認したいのは、それは、「日英変換型」の学習だったからということです。

わたしたちは、中高6年間の学校教育の中で、英語の単語を日本語で覚え、英文を日本語に訳してきました。

学習のベースはあくまでも日本語。そのプラットフォームの上で、ひたすら「日→英」「英→日」の変換に明け暮れる。文字通り、単語帳カードの裏表の日英の組み合わせを、「どれだけ素早く変換できるか」を競い、「どれだけたくさんの組み合わせを覚えているか」、そのメモリ容量を増やす。

これが従来の英語学習だったのです。

その結果、英単語を見たら条件反射的に日本語が出てくるような頭になってしまいました。その逆も同じです。むしろ「日本語を思い出すな」と言われても、止めることができないのではないでしょうか。

たとえばumbrellaなら「傘」、「辞書」ならdictionaryと、英語で聞かれれば瞬間的に日本語で答えられるはずです。逆に日本語で問われれば英語を答えることができます。

この「一対一対応型」の記憶の仕方に問題があったのです。

「傘をさす」と「辞書をひく」を英語で言えますか

まず、問題なのは、現場に即した使い方がわからないことです。日本語と英語を機械的に置き換えて学んでいると、文脈から離れて英語を覚えてしまうからです。

先ほどの「傘＝umbrella」「辞書＝dictionary」はわかっている。

では、

「傘をさす」

あるいは

「辞書をひく」

は、英語でなんと言うでしょうか。

「さす」「ひく」の英語がなかなか出てこないワケ

シンプルな問題です。

しかし、頭の中ではさまざまな単語が浮かんでは消えているのではないでしょうか。

正解は

open an umbrella

use a dictionary

です。

言われてみれば納得できても、すぐにこの表現が出てきた方は、少なかったのではないでしょうか。

それは、日本語の「さす」「ひく」に引っ張られているからです。

umbrella、dictionaryを知っていても、それを使いこなすための、openやuseといった簡単な単語が出てこない。

これが「日英変換型学習」の結果です。

本当に使える英語の世界にいる人と そうではない人

日本語を介して学ぶと、英語の真意を受け取れないのです。

たとえば、こんな英文があるとします。

Janet walked into Tom's office. "Tom, do you dance ?" He stared at her.

この文章を見て、「あぁ、おもしろいなぁ」「ドキドキするなぁ」と思った方、いらっしゃいますか。

日本語訳はできると思います。

「ジャネットは歩いてトムのオフィスに入った。『トム、踊りませんか？』。彼は彼女をじっと見た」

そうです。その通り。ただし、そうそうおもしろい文章には思えません。

過去2年半、塾で説明会を開くたびにこの例文を紹介してきたのですが、即座に「おもしろいですねぇ」とおっしゃった方が、お一人だけいました。アメリカで長く生活され、つい最近日本に戻られたというバイリンガルのお母さんでした。

この文章のおもしろさについては、のちほど（57ページ）ゆっくりご紹介します。しかし、本当に使える英語の世界にいる人とそうでない人の差は、英語を読んで「心が動くかどうか」「心が震えるかどうか」にあります。

発信している人と、受け取る人の間で、見えない心のキャッチボールができるかどうかです。

ところが、〝正しい〟訳のみを英語学習のゴールにした場合、「訳せたよ。だけどおもしろくないよ」といった状態になってしまうのです。これはとても怖いことで、かつ、残念なことです。

日本語で英語を学ぶと脳に負担がかかる

日本語で英語を学ぶ弊害は他にもあります。英単語の知識を増やしたいだけなのに、英語と日本語と両方の語彙を同時に増やさなければならない、ということです。

たとえば小学1年生が英語を勉強するとき、oceanやnurseといった単語を覚えるのは簡単です。というのも、彼らはそれに対応する「海」「看護師」といった日本語を知っているからです。英検でいえば3級程度の単語がこれに当たります。

しかし、準2級以降の単語、たとえばliteratureを「〝文学〟という意味だよ」、あるいは、adoptを「〝養子縁組する〟、っていう意味があるんだよ」と言ってすんなり理解できる小学1年生がいるものでしょうか。

つまり、日本の英語教育は、すでに頭に入っている日本語を最大限に使って英語をインプットする方法ですから、日本語データベースにない単語を理解することができないのです。

では、これまでどうしてきたのか。
最初に、丁寧に「文学」、あるいは「養子縁組する」といった言葉とその概念を教え、その上で、それぞれがliteratureなり、adoptという英単語と結び付くことを覚えてきました。

つまり、英単語の知識を増やしたいだけなのに、そのために日英両方の単語のデータベースを同時に拡大させなければならないのです。
これは脳にとって負担です。

アメリカ人がなぜ英語ができるかといえば、英語を英語で学ぶからです。日本人がなぜ日本語ができるか。それは日本語を日本語で学ぶからです。他の言語を交えず、1つのデータベースの拡大作業にだけ集中するからです。

日本の英語教育は、「英語ではわかる。しかし日本語でなんと言うかはわからな

い」といった状態を、「それではダメだ」としてきました。

日本人の英語学習は、いわば「覚えるべき英単語を、日本語に対応させながら覚える二言語同時拡大作戦」です。すなわち、「日英両語のデータベースが、常に双子の状態であること」が、学習の理想とされてきたのです。

こうした教育を、学校の先生たちが意地悪でやっていたのかといえば、もちろんそんなことはありません。ある英単語の意味に対応する日本語を１つか２つ覚えておけば、ほぼはずれないだろうという、効率主義を基にした、いわば親心の教育でした。

しかし、その結果、openやuseが出てこない、といった、実に非効率的な頭脳になってしまったのです。これを悲劇と呼ばずして、なんと言ったらいいのでしょう。

「なんとなくやっていれば英語はなんとかなる」は、間違い

英語ができない理由はもう1つあります。目標を決めて、それに向かって段取りよく英語を学ぶ形になっていないことです。

「明確な目標を定めて、それに向かって前進していく」ことを、「ゴールオリエンテーション」といいます。

これは塾が得意な考え方です。

たとえば、小学3年生のハナコさんが、桜蔭中学を受験すると決めたとします。桜蔭中学のレベルと今のハナコさんの実力を具体的に数値にした上で、あと3年という限られた時間の中で具体的な道筋を立て、実行していく。そういう考え方です。

わたしが駆け出しの塾講師だったとき、先輩が教えてくれました。

「塾の先生の仕事ってなんだと思うか？」

　わたしは答えました。

「勉強を教えることじゃないのですか」

「それはあくまで手段だ。われわれの仕事は〝実力を付けること〟〝志望校に合格させてあげること〟、そして〝未来の扉を開いてあげること〟だ。いくら教えたとしても、実際に力を付けてあげられないのなら、それは塾の先生の仕事ではない」。そう教わりました。

　目標に向かって前進する、努力するのがゴールオリエンテーションです。ではその逆の考え方はなんでしょう。

　それは、「今がよければそれでいい、慣れてくれれば、それでいい」という考え方です。どうでしょう、ちょっと暢気な感じがしませんか？（笑）

　通常の学習では、「計画的に」とか「目標を定めて」などと言われることが多いと思います。ところが不思議なことに、こと英語教育に関してはなぜかこの感覚が消えてなくなります。これはどういうことか。

　たとえば、「英検2級」は、一般に「大学入試センター試験と同等」と言われます。手元の問題集をみると、「地球温暖化」「自動車の自動制御装置」「小惑星の採掘会社」などが取り上げられており、高度な内容です。

さて、お父さん、お母さん、振り返ってこの英検2級の英文、いつ、何歳のときに解ければよい、と思われますか。

18歳？　17歳？　15歳？　それとも10歳？　あるいは8歳？　5歳？

なかなか明確な回答が出てはこないものです。これも、ゴールオリエンテーション意識の欠落と言っては言い過ぎでしょうか。「いつまでに、どこまで、どんな夢をもって」英語を勉強するのか。こういう感覚がない場合が少なくありません。

しかも困ったことに、教師自身にもこの感覚が欠如している場合が多いのです。「いつまでに、どこまでの仕事をするのか」を設定しない「期限のない仕事」は「遊び」でしかありません。

英語教育に必要なのは、このゴール設定の感覚です。今、英語がゼロベースなら、いつまでにどのような英語が読めるようになればいいのかという目標をつくらないといけません。もちろん、そのレベル設定は、その人次第。でも、目標が必要なのです。そうでなければ、人はがんばる甲斐がないではないですか。

目的地もわからないまま歩き続けるなんて、まさに意味がないことです。

「なんとなくやってたら、なんとかなるんじゃないか？」

いえ、こと、英語教育に関してそんなことはありません。

「塵も積もれば山となる」と言いますが、塵が積もってできた山なんてありません。

塵が積もってできるのはゴミの山。本当の山ができるのは、いつも猛烈なエネルギーの爆発の果てです。

2

英語ができる
子どもの脳

親子バトルは今日も続く!?
公立小の4年生です
小3で英検準2級に合格しました
英語ニックネーム
Donald
短大卒の母は
友人とはよく海外旅行に行きました
得意ではないけど英語も好き!!
ポリシーは思いたったら即行動!!
そこで決意する
この子には本物の英語力を身に付けさせてあげたい…!!

妊娠中から
胎教は英語CD!!
英語の教材もバッチリ準備!!
あ、これよさそう!!
英語コーナー
ABC
幼稚園はインターへ
よかったちゃんとなじんでる!!
ほっ
しかし小学校は普通の公立へ
インター楽しかったのになんで!?
その気持ちはよくわかるけど…
インターの小学校は義務教育扱いにならないし…
日本の教育を受けるのも大事だし…
ママも悩んだのよ

ぶーぶー
でも確かに英語から離れるのはもったいない…
お金もかけてきたし…
そこで近所の英会話教室へ
レベル別じゃなくて学年別なのね
英検4級にも合格したけれど
ゲームも楽しいけどもっとお喋りしたいの!!
確かに内容が薄いのよね…うーん
そして小2のとき
IBSの説明会へ
ここだわ!!
松井先生は
なるほどインターに行ってたから発音がいいんですね!
ではお母さんに質問です

たとえば
この子に
どんな英語を
身に付けさせたい
ですか?
中学・高校・大学
と進むのに
どんなイメージを
もたれてますか?
そこまで
しっかり考えて
なかった…
ずっと行き当たり
ばったりで…
では
目標をつくる
ところから
スタート
しましょう
まずは
小4までに
英検2級
合格!!
2級…?
わ!!
最初は
乗り気じゃ
なかった
Donaldも

英語の本がいっぱい！
教え方おもしろい!!
ほっ
IBSは親も一緒に授業を受けるシステム
しかし——
小3のある日
お母さんはもう授業に出なくていいよ
きっぱり
えええなんで!?
だってお母さんがいないほうが楽なんだもの
ひとりでできるし

先生ぐ!!
わたしがあの子の英語力についていけなくなったから?
Donaldは精神的な発達が早いタイプなんですよ
心配しなくて大丈夫です
確かに宿題とかは言わなくてもやる子ですが…
そして順調に準2級合格! 2級も射程圏内
ね? 一人でも平気でしょ?
ぐ
嬉しいような悔しいような…
将来の夢は木工デザイナー
日本の大学でデザインを勉強したいの!!
ええ!?
へー
バトルしつつも成長には感心する毎日です
だから放っておいてよ!!
そーゆー言い方はないでしょー!?

仲良し母子でコツコツと
公立小の5年生です
小3で英検2級に合格しました！
英語ニックネーム
Sharpay
母は有名女子大卒
英語は大好き!!
大学時代に英検準1級を取りました
だからこの子にも英語力は付けさせたいけど
英語の前にまずは日本語よね…

ご愛読ありがとうございます。

読者カード

●ご購入作品名

[　　　　　　　　　　　　　　　　　　　　　　　　　　　]

●この本をどこでお知りになりましたか?

1. 書店（書店名　　　　　　　　　　　　　　）　2. 新聞広告

3. ネット広告　　4. その他（　　　　　　　　　　　　　）

年齢　　歳　　　　　　性別　　男・女

ご職業　1.学生(大・高・中・小・その他)　2.会社員　3.公務員

4.教員　5.会社経営　6.自営業　7.主婦　8.その他(　　)

●ご意見、ご感想などありましたら、是非お聞かせください。

●ご感想を広告等、書籍のPRに使わせていただいてもよろしいですか?

(実名で可・匿名で可・不可)

●このハガキに記載していただいたあなたの個人情報（住所・氏名・電話番号・メールアドレスなど）宛に、今後ポプラ社がご案内やアンケートのお願いをお送りさせていただいてよろしいでしょうか。なお、ご記入がない場合は「いいえ」と判断させていただきます。

(はい・いいえ)

本ハガキで取得させていただきますお客様の個人情報は、以下のガイドラインに基づいて、厳重に取り扱います。

1. お客様より収集させていただいた個人情報は、よりよい出版物、製品、サービスをつくるために編集の参考にさせていただきます。
2. お客様より収集させていただいた個人情報は、厳重に管理いたします。
3. お客様より収集させていただいた個人情報は、お客様の承諾を得た範囲を超えて使用いたしません。
4. お客様より収集させていただいた個人情報は、お客様の許可なく当社、当社関連会社以外の第三者に開示することはありません。
5. お客様から収集させていただいた情報を統計化した情報（購読者の平均年齢など）を第三者に開示することがあります。

●ご協力ありがとうございました。

郵便はがき

おそれいりますが切手をおはりください。

160-8565

〈受取人〉

東京都新宿区大京町22－1

株式会社 ポプラ社

編集局一般書 行

お名前 （フリガナ）

ご住所 〒

TEL

e-mail

ご記入日 年 月 日

そこで日本語の絵本から読み聞かせをはじめて
2歳で日本語の本
あいうえお
3歳で英語の本を読むように
この子本が好きだわ!!
ORTも活用
ORT（オックスフォードリーディングツリー）はイギリスの小学校の「国語」の教科書
Go Away, Floppy
…
でもステージ9以降はどうやっても興味もたない…
なんで?
そこで小1のときヤングアメリカンズのワークショップに参加
音楽を通じて教育活動を行なうアメリカの団体
歌ったりダンスしたりが楽しい!!英語も通じた!!
よかった!!

そして小1で準2級に合格
インターにも行ってないのにすごーい!!
キャ〜
しかし2級は大苦戦
また落ちた〜
これがいわゆる2級の壁なのね
でもここでやめるのはもったいない!!
英検2級があると有利な中高一貫校を目指してるし…
そこで小2でＩＢＳへ
うちみたいな子を伸ばしてくれるのはここだわ!!
よし!!一緒に2級合格を目指そう!!
まかせて!!

まずは日英変換で考えるクセから直していこう
え～!?
英語を英語で考えるの!?
最初は少し苦戦したものの——
クラスメートと仲良くなると
『ドラゴンスレイヤー』おもしろいよ!
読む読む!!
DRAGON SLAYERS
シリーズものの本っておもしろいな
物語が続いていく…
わたしが買った本は読まないのに!!
一方母は母でIBSを楽しみ…
わたしも一緒に授業受けられて嬉しい♡
先生わたしも指してくれないかな?
なーんてね
ハイ!!
ハイ!!

ところで
本当にわかってて
英語の本読んでるの？
ママにも
読ませて！
やだ
この本
おもしろい!!
でしょ
でしょ!?
あ〜もう〜
切ないわ〜
え？
切ない？
どのへんが？
いつのまにか
読書の友に
松井先生も感心
へー
お母さんも
読書記録を？
すごーい!
ダントツで
一緒に読書
してますね
本当に
楽しくて
さすがは
英語が
できる
お母さん!!
上手な
一生懸命
さで
一緒に勉強できる
学習環境を
つくりましたね!!

目標の2級にもしっかり合格し――
ねえ『ウィアード・スクール』おもしろいよ!!
へー読む読む!!
Sharpayはクラスの本のトレンドメーカーに！
勉強は楽しい!!
将来は医者になりたいの!!
今は受験勉強でIBSはお休み中
でもまた戻って1級に挑戦したいな
それならママも一緒に1級を受ける!!
母の今の夢は「読書の友」から「勉強の友」になることです

まずは、英語の目標を決める

これまで親の世代がなぜ英語ができなかったのか、学び方の問題点を見てきました。それは、

①日本語で英語を覚えてきたこと

そして、

②英語をなぜ学ぶのか、目標をもっていなかったこと

でした。

逆に言えば、目指すべき学習とは

目標をもって「英語脳」を身に付けるということです。

では、どのようにしたらそうした力を付けていくことができるのでしょう。

そこでわたしは、英検を「物差し」にしながら指導しています。もちろん、英検に限らず、世のすべての英語の試験は、「英語のある側面だけの実力判定」でしかありません。英検しかり、TOEFLしかり、TOEICしかり、SATしかり、です。目的に合わせて選択していく必要があります。

ただ、そうした限界をよく理解した上で、現状において小学生にとって最も適切な「物差し」は英検だろうと思っています。

実際、英検を利用しながら英語学習をすすめる家庭が増えてきたようです。小学生の英検受験者がこの10年で倍増、といったニュースにも、さもありなん、という印象をもちました。

3級、続いて2級、準1級まで狙う

「英検」で意識する級は3つあります。

1つは3級です。

一般に「中学修了程度」と言われますが、これを6年生までに取っておくと、中学

校に進学後、スムーズに英語学習が継続されます。英語教育に力をいれている私立小学校は、「小学校卒業までに3級」を目標に設定しているようです。

次に2級。

これは「高校修了程度」。つまり大学入試センター試験と同等ということになります（リスニングなどは2級のほうが難しいですが）。ここまでくれば大学入試問題に挑戦する資格があると言えます。

最後に準1級。

授業の中で教えられたことだけでは合格しません。言い換えれば、人知れず、自力で自分の英語の世界を広げたことを証明する段階。それがこの級です。

「早稲田・慶応に受かりました！」と言ってくる高校3年生たちに、まずやらせてみると1回は落ちるのが、この級です。一方、この級を取っている生徒たちをみると、だいたい東大の入学試験で8割から8割5分は点が取れます。

英検が、来るべき「受験」に向けても、一定の「物差し」としての役割を果たしてくれることをご理解いただけるかと思います。

日本語を使って勉強をしたら、合格しても「そこまで」

ただし、間違ってはいけないのは、「英検に受かったから、英語ができる」わけではないということです。むしろ、特に小学生の場合は、英検を使うがゆえのリスクがあることも、十分承知しておきたいものです。

一番気を付けたいのが、「英検が目的化」してしまうことです。

大事なのは、「英語ができるようにする」ことであって、英検は、あくまで勉強の進み具合をはかる物差しです。しかし英検が目的化することで、「正しい勉強」からはずれ、「点を取りにいく勉強」になってしまう場合があります。

よく、わたしも「お宅は、英検対策塾ですか？」と聞かれます。そんなときはこう、お答えしています。

「いいえ、違います。ただ、どこよりも正しい方法で勉強をするので、結果的に、どこよりも早く英検にも合格します」

英検準2級以上を挑戦する場合は、次の点にもご注意ください。3級までは、まず、どのような方法でやっても受かりますが、準2級になると、「日本語ではまだ知らない英語」が登場し、内容や単語の抽象度も増します。そうした中で、「受からせることが、この子の将来のためになる」との思いから、親が「日英変換型」の「日本語で学ぶ英語」で強行突破させることがありますが、これは意味がありません。

仮に合格しても、「そこまで」です。

「うちの子は、英検5級から準2級まで、すべて1回でパスしてきたけど、2級はもう7回も不合格なんです。なぜなんでしょう」とお問い合わせいただいたことがあります。

それは、「日本語で勉強しているから」です。

英語は英語で、の原則に照らし、「うちの子は3級でよし。ここからあとは英語の本でも読んでおけ。無理に準2級なんて合格する必要なし！」といったすっきりした対応のほうが、長い目で見ると、よっぽど優れている場合があります。

英語脳のつくり方①
英語の本をたくさん読む

ここからは、具体的にどのように勉強を進めていくべきかみていきましょう。

その根本は2つ。1つは「英語の本をたくさん読む」こと、もう1つは「英単語を英語で理解する」ことです。

はじめに「読書教育」。はやりの言葉でいうと「英語多読」と言えるかもしれません。ただ一般に、親世代が「英語読書」「読書教育」という言葉から連想するものとは、おそらく趣きを異にしているかもしれません。

進学校でも足りない英語の読書量

まず、読ませる量が違います。

公立中学校の場合、３年分の教科書の収録語数を数えると数万語程度です。３等分にして、１年で１万〜２万語程度といったところでしょうか。

名門私立中学校ともなるとグッと増えて３年間で30万語、１年間で十数万語程度の英文を読みます。なるほど公立中学校とは「桁が違う」と言っていいでしょう。

目指すのは、月間50万語の読書

ただ、わたしがここで言う読書は、レベルが違います。「英語脳の育成」「英語感覚を付ける」ことを目指すとすれば、私立中学が読ませている量でも、まだ圧倒的に足りません。

たとえば、わたしの教室の英検１級から２級クラスの生徒は、月間で30万語から１２０万語、平均的には50万語の読書をこなします。月間50万語、というのは、年間で言うと６００万語。幼稚園生でも小学４年生でも、年齢に関係なく、みな同じです。

月に50万語読むというとどのくらいの量と思いますか。たとえば『ハリー・ポッター』の原書が１冊で25万語程度です。英検２級に合格した子であれば、この本を10日から２週間あれば読むことができます。つまり、月に２冊読めば、ちょうど50万語程度になるわけです。

本で英語の語感を身に付ける

こう言うと、お母さんたちからは当然のごとく質問が来ます。
「なぜ読書？」「なぜ６００万語も？」「どうしたらそんなに読めるの？」
その答えは、「読書で英語ができるようになるため」と言っていいでしょう。

ここで前に紹介した文章の答え合わせをしてみましょう。

Janet walked into Tom's office. "Tom, do you dance ?" He stared at her.

「ジャネットは歩いてトムのオフィスに入った。『トム、踊りませんか？』。彼は彼女をじっと見た」。そうです、ただこれではいったい何がおもしろいのかさっぱりわかりません。

ところが、こういう知識が頭にあったらどうでしょう。

まず、walk into。これは、どういうところに入っていくイメージでしょうか。東京ドームのようなところでしょうか。答えはノーです。walk intoは、「ぐっ」と狭いところに入るイメージです。広いところに入る場合には用いることができません。

またノックやチャイムを鳴らしてから入ったのでしょうか。これもノーです。中にいる人の意思とはまったく関係なく、「バーン」と入っていくイメージです。

辞書にこうした解説が書いてあるか。いえ、書いてありません。でも例文をよく見ていくと、なるほど確かに、「さほど広くないところ」「中の人の意図とは無関係」な動作であるものが選ばれているはずです。

doではじまる疑問文は感情むき出しの強烈表現

次はDo you dance？について。わたしは、この文章を見た瞬間、「うわぁ…そうなんだ…。ズバリだ…」と思いました。

英語は、世界で最も雄弁な言語であり、また繊細な言葉です。同じ「誘い」でも、

How about …? からはじまって、Would you…?、Could you …?、Shall we …? と、さまざまなバリエーションがあります。にもかかわらず、ここでは一番簡単で直截的なDo you …? を使っています。

わたしは16年間アメリカにいましたが、do からはじまる疑問文で言われたことはほんの数回しかありません。形は疑問文ですが、そこに含まれているのは「やるよね？」という有無を言わせぬ強いニュアンス。つまりここでは、「トム、踊るわよ（ノーチョイスよ）」という、ジャネットの強い気持ちが表現されています。

われわれ日本人は、学校教育の初期にDo you have a ball ? / Yes, I do ! といった文章を習うので、親しみのある形ですが、実は感情むき出しの表現なのです。

そして、第3文のHe stared at her.。ここでは、stare atが使われていますが、look atではダメなのでしょうか。

stare atの場合、主役はheではなくherです。Janetが何かいつもの状態と違う。表情が違う？　オーラが違う？　あるいは、着ているものが違うのかもしれません。背中のあいたドレスを着ているかもしれませんし、あるいはパンダの着ぐるみを着て入ってきたのかもしれません。はたまた、何か持っているのかもしれません。ナイフ？　ライフル？　それとも……？　いずれにせよ、見た人が「ええっ？」と思う状態になっているということです。

こういう知識があったとして、もう一度例文を読んでみましょう。

Janet walked into Tom's office. "Tom, do you dance ?" He stared at her.

どうでしょう、こんな場面が思い浮かびませんか。

ジャネットがトムのオフィスに入ってきた。オフィスは小さい、彼専用のオフィスなのだろう。しかも、ノックなどせず、突然入ってきた。そして彼女は言う。「トム、踊るわよ。ノーチョイスよ」。驚くトム。ええっ？　なんで？　どうして？　ここで？　職場で踊るの？　今？　ええっ？

そうです、トムは彼女の一連の行動に吸い込まれてしまったのです。そして、今、彼の頭の中は「どうして？」とフル回転なはずです。間違っても、視線をはなしたり、まして口を開いたりできるような状況ではありません。

もしこれが、新聞の連載小説の最後の3文、そしてよりによって「金曜日の最後の3文」なら、読者は身もだえることでしょう。「ここで終わり!?」と。
「ジャネット、がんばれ！」や「トム、それでいいのか!?」など、それぞれに思いを抱きながら3日後の月曜日を待たなくてはいけません。それくらいの力がある文章なのです。

ほら、おもしろくなってきませんか？(笑)

この文の作者が、読者を喜ばせようとして楽しくタイピングしているシーンが思い浮かぶでしょうか。こういうことを「心が震える英語力」というのです。

ちなみに、look atの本質は、日本語で表現すると「ん？」です。頭の中はからっぽにして何かを見てる、という語感。ですので、Everyone, look at me！と言われたら、「ほら、みんな、(頭の中からっぽにして)わたしのほうを見て！」というニュアンスです。stare atのもつ「頭の中フル回転」とはまったく異なるわけです。

こうした語感を獲得する、言い換えれば、「心が震える」ようになるために読書が必要なのです。

年間600万語も読んでいれば、先ほどお話ししたwalk intoも、stare at も幾度となく登場してきます。そのたびごとに、少しずつ、それらの語句の語感が磨かれてきます。

実際、わたしの教室で読書を続けている小学2年生に聞いてみたことがあります。その子との会話は以下のようなものでした。


「walk into って、ピンポンって押してから入る?」

「……ん～、たぶん、ううん、押していない」

「なんで?」

「わかんない……」

「じゃ、walk intoって、広い場所に入ることある? たとえば東京ドームとか」

「ない」

「なんで?」

「ん～、わかんない」

「じゃレストランは」

「ん〜、たぶんいい」

「なんでそう思うの？」

「ん〜、わかんない」

「広いところはダメなの？」

「ん〜、たぶんダメ」

「じゃぁどれくらいの広さまでならいい？」

「ん〜、リビングルーム？」


大正解です。誰も教えていないのに、自力でこのwalk intoの語感を身に付けている。本を読んでいるときには意識していなくても、実際に１つ１つ確かめてみると、こうした正しい感覚が身に付いているのです。

本をたくさん読むということは、こうした感覚が「なんとなくわかる」ようになるということです。

日本語でも同じですよね。たとえば「飛び跳ねる」といった言葉があったとして、誰も「月まで飛び跳ねる」とは思いません。「これくらいまでなら〝飛び跳ねる〟を

使う」、という感覚は自然と身に付いているはずです。知らぬ間にその言葉が持つ限界性を理解しているのです。

いずれにしても、そうした英語の語感を研ぎ澄ませるためには、圧倒的な英語読書が必要です。逆に、読書によって語感が研ぎ澄まされるにつれ、英語読書が加速されるわけです。

「楽しくてためになるから読む」。これが大事です。そのための分水嶺が「年間600万語」なのです。

英語の本をたくさん読むと、日本語がおろそかになる？

英語ができるようになり、英語の本をたくさん読むようになると、日本語がおろそかになるのではないかという不安もよく聞きます。

でもそれは杞憂です。子どもはそのとき、そのとき自分の知りたいことが載っている本を英語も日本語も関係なく選んで読んでいますし、何よりも日本語で勉強する時間がほとんどですから、日本語を忘れてしまうなんてことはありません。

こんなこともありました。

Jerushaは、とても読書好きな子です。日本語でもいろいろな本を読んでいるらしく、「日本語の本と英語の本は、同じ人のことを書いてあっても内容が違うのね」と言ってきました。

学校の図書館の偉人伝シリーズでヘレン・ケラーの物語を読んだら、英語の伝記も見つけたので読んでみたと言います。

「日本語ではヘレン・ケラーは、目も見えないし、耳も聞こえないし、喋ることもできないので、一人では何もできない女の子と書いてあったけれど、英語の本では、何でもさわるcuriousな女の子って書いてあった。ゴッホとゴーギャンのやりとりも日本語と英語では違っていて、おもしろかった」

子どもたちが大好きなMagic Tree Houseのシリーズも翻訳で読んだらおもしろくて、今度は英語で読むという子もたくさんいます。すると英語で読む印象と日本語で感じる印象が違うと言って、そのことを楽しそうに報告してくれます。

いちいち英語の意味を調べない

ある程度読めるようになってきた子どもには、読書のルートが2つあります。

1つは、日本語の本と同じ感覚の、いわゆる読書です。たとえば、『ハリー・ポッター』を1カ月に1冊ずつ読もうと目標を立てて読む方法です。読書のおもしろさに目覚めた子どもは、ゲームやテレビより英語のペーパーバックを選びます。

Michaelは、小学3年生からわたしのところで学びはじめました。すぐに2級に合格して、わたしとしては英語は免許皆伝、あとは自分で好きな本を読んで楽しんでね、と言ったのですが、もっと高いレベルの英語が勉強したいと本人が一生懸命言うので、勉強を続けています。とにかく本が大好きで、お母さんに聞くと、読み出すと1冊読み切るまで止まらなくなってしまうのだとか。中でも好きなのが『ハリー・

ポッター』シリーズ。でも、これはさすがに章ごとに切らないと寝る時間がなくなってしまいます。学校の宿題もあるし、他にも習い事をしているので、読書は電車での移動中や隙間の時間を利用しているそう。「トイレに行くときとか、歯を磨いているときにも、本を持ち歩いている」とのことです。

英語は軽やかに読み飛ばす

こうして大量の本を読む子どもは、いちいち意味を調べたりしません。わからない単語に出会ったら、どうするのか。彼に聞いてみると「いちいち辞書はひかない。話の流れの中で、『こんな意味かな』と推測している」と答えました。

そう、軽やかに読み飛ばしているのです。

でも、日本語の本を読むときのことを考えてください。おもしろい小説を読んでいるとき、ちょっとわからない言葉が出てきたからといって、いちいち辞書をひいているでしょうか。よっぽどのことがない限りひかないですよね。それと同じ感覚です。

Sharpayとお母さんの関係は微笑ましいものでした。

お母さんは大学時代に準1級を取得していたこともあり、子どもと一緒に英語を勉強することを楽しんでいました。

　子どもが読書をはじめたとき、当初は、本当に子どもが内容を理解しているのか確かめるつもりで、同じ本を読んだのだそうです。ところが、お母さんも読書のおもしろさに目覚めてしまい、やがて母娘は「読書の友」になっていきます。ミステリーを借りたときは、子どもが小学校に行っている間にお母さんが読破し、「もう犯人がわかっちゃったよ」と言ってみたり、逆に娘が「この本、おもしろかったよ」と教えたり。娘のほうが、単語の意味を深く理解していて驚くこともあるのだとか。「切ない」という感情について語り合ったりもするそうで、母娘でそのような話ができることにうらやましさを感じたりもします。

読書の壁を感じたら、レベルをぐっと下げる

もう1つは、レベルをぐっと下げてスピードを上げて大量に読むルートです。準1級を目指して勉強中の女の子の読書ノートを見てみましょう。

2級の実力のある子どもなので、『ハリー・ポッター』なみの本も読めるはずですが、初級の本を大量に読んでいる時期があるのがわかりますね。日付を見ると、ものスゴいスピードで読んでいることもわかります。

彼女にとって、このレベルの英語は非常に簡単なはずです。単語でつっかえることもありませんから、英語が英語のまま頭に入ってきます。英語脳フル回転状態です。日本語の入る余地はありません。ここで大切なのは、英語をシャワーのように浴びるということです。自分の英語力よりずっと低いレベルのものを、ものすごいスピードで大量に読むことが、英語の筋力トレーニングになります。

準1級を目指す小学1年生の夏休み読書ノート

夏休みに朝から図書室に来て、読みつづけた子の1日分の記録の一部。この子は1日でやさしいレベルを中心に40冊以上読んでいます。

日付	タイトル	シリーズ名	Phase	単語数	コメント
7/21	Happy Birthday, Princess!	SIR #1	2	87 1982316	
	Go, Go, Go!	〃	2	134 1982450	
	RATATOUILLE	〃	2	181 1982631	The mouse is funny!
	Thunderbolt	〃	2	85 1982716	
	THOMAS and Percy and the Dragon	〃	2	192 1982908	
	Hog and Dog	〃	2	56 1982964	So so Not interesting
	Firehouse Sal	Rookie	2	76 1983040	CRAZY!
	If I Were an Ant	〃	3	172 1983212	interesting!
	Jordan's Silly Sick Day	〃	3	154 1983366	なおってよかったね〜
	Messy Bessy's Garden	〃	3	110 1983476	
	Olivia the Orchid Fairy	Rainbow Magic	9	4200 1987676	OK
	and the Ice Treasure	Thea geronimo	13	12926 2000602	[illegible]!!
	Crocodile		6	579 2001181	
	Trucks and Other Big Machines	Springboard	2	79 2001260	
	Animal Babies	〃	2	75 2001335	The babys are cute!

この方法は大人でも読解力を付けるのに使える方法です。

このトレーニングが必要なのは、英語の本を読んでもつまらなそうにしているときです。英語の脳が常に喜んでいる状態にしておきたい。そのためには、いくら内容がおもしろくても、レベルの高いものばかりを読ませてはダメです。英語を読んでわからなくなると、日本語を引っ張り出して考えようとします。そんな時期には、日本語が介在する暇がないくらい簡単な英語の本を読んで、英語の強化を図るわけです。これを一定期間続け、違うものを読みたくなったら、そのときに本来のレベルの本に戻って、そこからまたレベルアップを図ればいいのです。そうすれば、英語を嫌いにならずにレベルアップすることができます。

こうした大量の読書によって、単語がどのように使われるのか、どんな前置詞と結び付きやすいのか、どんな場面でよく出てくるのかといったことを、理屈でなく頭にインプットすることができます。aやtheなど、日本人が苦手とする定冠詞の使い方も、ネイティブの感覚で身に付きます。

英語学習を支えるのが読書であることが、おわかりいただけたでしょうか。

英語脳のつくり方②
英単語は英語で理解する

わたしの教室で英語の勉強をはじめてまだ2年経たない生徒さんたちが本を読んでいました。見れば、governmentなどといった言葉も並んでいます。ずいぶん難しそうな本を読めるようになったなぁ、と思って感心しつつ、「そうか、もう、セイフってわかるんだねぇ」とつぶやいたところ、みな、きょとん。「松井先生、何、それ？」と言わんばかりにこちらを見ています。「あ！」。迂闊でした。彼らには、safeと聞こえたのです。わたしは「政府」と言ったのに……。

「日本語の『セイフ』って言葉知ってる？」

「知りません」

「そうか……」

大人としては「政府」という言葉を知らずにgovernmentがわかるものなのか？

と思うところです。しかし、このあとにこんな会話が続きます。

「じゃ、その本に出てるgovernmentって、知ってる?」

「うん」

「何?」

「the group of people who control a country」

……と、こんな具合です。英単語を説明するときに、「日本語だとなんて言うかわからないけど、英語だと……」と切り出してくる。これが、子どもが英語脳を身に付けはじめている証拠です。このような力を付けていくことが目標です。

難しい単語は物語を聞かせるように説明

では実際に語彙の増やし方、特に、一般に小学生にとって難しい単語をどう習得していくかお話ししましょう。

まず結論からいえば、「覚えるのは〝訳語〟ではない。イメージ化された例文」ということになります。

たとえば、literature、adopt という単語があったとします。日本語訳は「文学」、「養子縁組する」となりますが、何しろ知らない日本語です。「文学」と言ったところで、小学生には「ブンガク」と聞こえるだけです。ですので、このように教えていきます。

literature

【定義】Litetarure is book, plays, and poetry that most people consider to be of high quality.

（literature とは、本か、劇か、詩……ほとんどすべての人たちが、すばらしいなぁ、と思うような）

【例文】Chris is studying English leterature at Columbia University.

（クリスは English literature を学んでいる……コロンビア大学で）

まず定義。この段階では、おおざっぱで構いません。

「そうか、空飛ぶものでないんだな。食べるものでもないし、お財布に入っているものでもない」、その程度で結構です。

勝負は例文です。これに形を付け、色を付け、あるいはにおいを付け、味を付けていきます。たとえば、

「クリスは大学生。勉強しているのは、economics でもなく science でもなく English literature。そう、本だ。だけども、普通の本ではないよ。みんながすごいなぁ、出会えてよかったなぁと思える、人々が１００年とか２００年、長い間大切にしてきた宝物のような本。それを一堂に集めた場所がある。それはコロンビア大学の図書館。コロンビア大学って、どこにあるか知ってる？　ニューヨークのマンハッタン。ここの図書館は東大の図書館の何倍も大きな図書館なんだけどね。そこでクリスは、その人たちの宝物のような本を、毎日興奮しながら読んでいるんだ。すごく幸せなことだよね」

といった具合です。

英語を英語で理解するということ

わたしの教室では、先生がこれを、英語だけを使って、まさに物語を語って聞かせるように、パフォーマンスたっぷりに説明していきます。

この説明を聞いた子どもたちが、この先、literatureと聞いた瞬間に頭に思い浮かべるのは、もはや、決してよく知らない日本語の「ブンガク」の「ブ」ではありません。そうではなく、想像上の人物のクリスだったり、コロンビア大学の図書館だったり、本の山だったり、その中でクリスがわなわなふるえている様子だったりするのです。単語や例文によっては、ネットで事前に選んでおいた画像を使って説明することもあります。

こうして、ときにジェスチャー、ときに画像をまじえ、子どもの興味をひき付ける例を示しながら語を定義していくことで、日本語をまったく介在させずに、これらの言葉を子どもの頭にインプットしていくのです。

次の単語は、準1級レベルの単語ですが、さて、みなさんでしたら、お子さまに、

どんな物語を語って聞かせてさしあげますか。

adopt

【定義】 If you adopt someone else's child, you take it into your own family and make it legally your son or daughter.

（他の人の子をadoptする、というのは、その子を自分の家族に迎え入れ、そのことを法的に定めてもらうこと）

【例文】 There are hundreds of people who want to adopt a child.

（子どもをadoptしたい人たちって、世の中に何百人といるんだよ）

ボキャブラリーリストのサンプル

読者みなさんのお役に立てればと思い、わたしの教室で使っている「Vocabulary List」の一部を早稲田アカデミーのホームページからダウンロードできるようにしました。英検3級程度のものです。どうぞ、ご参考になさってください。

www.waseda-ac.co.jp

日本語の世界と英語の世界を広げる

英語のliteratureとadoptを、日本語の「文学」や「養子縁組」を連動させなくていいのかと思う人がいるかもしれません。

授業や読書で日本語でその言葉と出会うまで待っていて大丈夫です。

たとえば、小学校高学年になったある日、子どもが「今日、公民の授業で『養子縁組』って習ったよ。これってもしかしてadoptのこと?」と聞いてくるかもしれません。そのときに、「そうだよ」と答えてあげればいいのです。英語と組み合わせて教える必要はありません。日本語の世界、英語の世界、それぞれ勝手に広げていけばいいのです。

小学1年生の秋に英語の勉強をはじめ、小学3年生で2級の勉強をしている男の子、Stephen。お母さんは、子どもがきちんとわかってないかなと思った単語に関しては、辞書をひいて、例文を足したり絵を描いたりして理解を助けてあげているそうですが、抽象度の高い単語については、ある程度割り切って教えると話していまし

た。「たとえば、financeは『お金に関すること』と教えます。financial instituteという表現が出てきたら、bankだと思いなさいと言っています。将来、証券会社や信用金庫もそうだと気付けばいい。そういうとらえ方でいいんだと思うようになりました」とのこと。その通り。この大らかな理解でちょうどいいのです。

小中一貫校に通う小学4年生の女の子、Jerushaは、「英語の勉強はいろんなことが学べて楽しい」とのこと。その例として、「たとえば同じ『作る』でも、英語にはmanufactureやcreate、establishなどいろいろあるのがおもしろい」と言います。彼女の中で、日本語と英語がリンクしてきた時期なのかもしれません。

英語の学習に英和辞典は無用です。これまでの話を読んでいただければ、もう説明の必要はないでしょう。英英辞典にもさまざまなレベルのものがあるので、子どものレベルに合わせて、簡単なものから徐々にレベルをあげていけばよいでしょう。英英辞典は、単に意味を調べる道具ではなく、インプットの素材としても使えます。

おすすめ英英辞典

おすすめ英英辞典をいくつか挙げておきましょう。

●初心者向け
Longman Children's Picture Dictionary with CD

初心者の場合、日本語訳で理解するのではなく、イメージで理解することが大事です。CDを聞きながら、発音をまねてみましょう。絵を見て瞬間的にスラスラ英語が言えますか？　日本語訳を覚えることが目的ではありませんので、ご注意を。

●英検4級合格程度まで
Collins My First Webster's Dictionary

英単語に日本語訳をあてがったら終わり、ではなく、英語が説明してくれる、という感覚を学びたい時期におすすめの辞書です。「川や道の上にあって、人や乗り物を片側から片側へ通す建築物」という説明文は、bridgeのことです。「橋」と教わるよりどれだけイメージが膨らむことでしょう。ベッドタイムストーリーとして活用されるお父さん、お母さんも多いです。

●英検3級程度から
Collins Cobuild Illustrated Basic Dictionary of American English

文章で語義を定義するという方針（Full Sentence Definitions）で有名なCollins Cobuildのベーシック版です。「親が子に説明するように書かれている」と言われます。単純に「単語の意味」を知るだけでなく、「良質の例文」に触れる機会ととらえるといいでしょう。

●英検準1級程度から
Longman Exam Dictionary（ロングマンExam英英辞典）

例文の充実度、かゆいところに手が届く解説という意味で、この辞書の右に出るものはありません。特に付属のディスクに収録されているWord Tankに、これでもか、と出てくる例文は「辞書」の域を超えています。

3

ゼロからはじめて1年で
まず3級に合格する
子どもの英語勉強法

フォニックスをマスターする

この章では、特に初心者の方に向けた勉強法を、ご提案させてください。

早稲田アカデミーIBSでは、「英語経験ゼロ」で入会しても、ほとんどの生徒が、小学1年生であれ、年長さんであれ、およそ1年で英検3級を取得していきます。

この時期にまずやっているのが、

①フォニックス
②語彙
③文法
④読書

の4つです。これをバランスよく一緒に学んでいきます。どれが欠けても英語学習は成り立ちません。

まずはフォニックス。

最近は、「フォニックス」という言葉自体が独り歩きしている感もありますが、フォニックスとは「つづりと音の統合」を目指すものです。

なぜフォニックスが大事なのでしょうか。わたしたちの頭に文字が入ってくるのは、その文字の音がすぐ浮かぶ場合に限ります。音にできないものは、頭に入りません。

だから、まず、声に出して読める状態をつくることが先決で、そのための武器がフォニックスなのです。

わたしの教室では、フォニックスのテキストとして「Sounds Great」〈全5巻〉(Compass Publishing社刊)を使っています。

ここで簡単に各巻の概要を見ておきましょう。

BOOK1

ここでは単文字の習得をします。英語を読むときに必要な知識は、「a、b、c……」を、「エー、ビー、シー……」と読めることではなく、「ア、ブ、ク……」という音の出し方です。26個のアルファベットが、瞬間的に音声に変換される状態を目指します。

ＢＯＯＫ２

ここでは「3文字でできた単語」を学習します。3文字単語は、母音を真ん中にして接着剤とし、前後を子音ではさみます。接着剤になる母音は5つ（a、i、u、e、o）しかありませんから、この5つをパターンとしてすべて音声化できるようにしていきます。ＢＯＯＫ２終了段階で、世の中にあるすべての3文字単語が読めることになります。

ＢＯＯＫ３

ここからがやや難関です。「マジックe」「サイレントe」と呼ばれる語尾のeを含む4文字単語を勉強します。tap→tape、cut→cuteなどのように、eが最後に付くと、前の母音の読み方を変える必要があります。これを理解させます。ただしバリエーションは決まっていますので、cake、gate、make、hate、date……と練習していきます。

ＢＯＯＫ４

ここでは連続子音を学びます。bl、fl、nt、ch、wh、smなどです。

ＢＯＯＫ５

最後に連続母音です。たとえば、ai、ayはつづりは違うけれど、どちらも「エイ」と読むのに対し、ooの場合は、同じつづりであっても、長く「ウー（たとえば、moon）」と読む場合もあれば、短く「ウッ（たとえば、book）」と発音する場合もある、といった具合です。

ここまでくれば、ほぼ、読めます。

たとえば、picture。これは、pic（ＢＯＯＫ２）と、ture（ＢＯＯＫ３）の統合です。

「pictureって読める？」

「うん。読める」

「意味は？」

「わかんない」

これで結構です。まず、読めるようにすること。これが大事です。

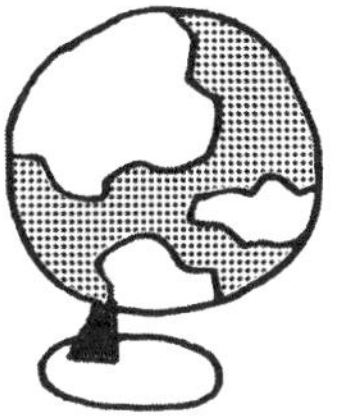

「読めるけど、意味はわかんない」でOK

フォニックスをマスターすれば英語の75%は読めるといいますが、小学生たちが出会う基本英単語に限定するならば、ほとんどすべてを、そのルールで読むことができます。

よく、「意味がわからないまま読んでいて、それでいいでしょうか」と質問を受けます。それでいいのです。意味を覚える必要はありません。どうしても、というときだけ、あるいは子どもが教えてほしい、というときだけ意味を教えます。

換言すれば、「読めること」と、「意味がわかること」との格差を肯定的にとらえていく、ということです。

従来の英語教育は、「音、意味、つづり」の3つがそろってはじめて「単語を覚えている」とされてきました。しかし、「意味」というのは結局「日本語訳」でしかありません。「英語脳」をつくるためには、この「そろわせなきゃ」という感覚自体が不要なのです。

まず読めること。読めれば意味が知りたくなる。日本語と同じです。

フォニックスでつまずくお子さんもいますが、最初はみなさん、苦労します。むしろ、ここは親のふんばりどころです。「フォニックスさえわかれば、ほとんどの英語は読めるようになるのよ」。そんなふうに励ましてあげてください。

英語脳にするために親がやってはいけないこと

英語脳を獲得するためには、英語は英語で学ぶことが大前提です。

blueを「青」と覚える。これでは従来の英語教育と同じになってしまいます。さりとて、英英辞典にあるような、the color of the sky on a fine day（晴れた日の空の色）としたところで、初心者にはなかなかピンとこないものです。

単語はまずイメージだけでいい

ですので最初は、絵を見たらすぐにわかる単語から教えます。

たとえば、海や空の写真を見せ、「blue」。

また、ダチョウの絵を見せながら、「ostrich」です。

一度勉強した単語を復習するときには、「ostrichってどれかな？」と、いろいろな動物が出ている絵を見せます。

ダチョウの絵を指すことができればＯＫです。ostrichは理解できたのです。

子どもに日本語訳を聞かない

このとき、子どもが「お母さん、ostrichって日本語で言うと何？」と聞いてくるかもしれません。そういうときには、どうぞ躊躇なく、「ダチョウよ」と教えてあげて結構です。

大事なことは「英語で覚えているかどうか」、です。英語でわかっていて、かつ日本語を教えることで子どもが安心するのであれば、教えてあげて大丈夫です。

一方で、親がやってはいけないことがあります。それは、「3日前に日本語でも教えたでしょ。ostrichって、何だっけ？」と聞くこと。つまり、お子さんの口から「ダチョウ」という言葉が出てくることを期待する。これが唯一のＮＧです。

日本語で英語を覚えるのをやめるのに必要なのは、「お母さんも、先生も、日本語

訳は聞いてこない。英語で覚えていていいんだ」という安心感のある環境です。周りの誰かが「……って日本語で言うと、何？」と聞いてくるから、子どもは日英変換をはじめるのです。誰も聞いてこなければ、安心して英語だけの世界にいることができます。

文法は後づけで十分

次に、いわゆる文法についてです。

ただ、まずわれわれ大人が「文法」という言葉で連想するものと、ここでいう文法は少し違います。

「あるルールを日本語で教えて、それが使えるようにする」という方法は、小学校中学年までは、なかなか難しいのです。

それよりも言葉の使い方をダイレクトに教えてしまったほうがいいのです。

たとえば、

「母音からはじまる名詞には a でなく an にする」

と覚えて練習するより

「apple の前だけは an なんだよ」

そしてまたしばらくあとにでてきたeraserを見て
「あ、そうそう、eraserもanなんだよね」

と、教えます。

最初から系統立てて教える必要はありません。

大人からすれば、その場しのぎの場当たり的対応に見えるかもしれませんが、出てくるたびに、「1つ1つを丁寧に説明してあげる」というアプローチ。このほうが小学生にはわかりやすいのです。

文法にあまりこだわる必要はありません

そんな理不尽なことでいいのか?と思われる方もいらっしゃるかもしれません。ですが、そもそも子どもたちは、日本語を覚えるときも、ちゃんとした文法的説明を受けているでしょうか。

たとえば、ほんとうは「僕も連れてって」と言わなければならないのに、わが子が、「僕と連れてって」と言ったとしましょう。このとき、「あのね、助詞の〝も〟と、助詞の〝と〟というのはね……」などと文法的説明をするでしょうか。そんなことはしませんね。

「僕〝も〟！」と、声を大きくして言い返すだけではないでしょうか。

ある意味、躾レベル、つまり「場当たり式」です。子どもはそもそも、そういう理不尽な状態にいるのです。

また、ものの数え方も、きちんと習ったことはなくても、1本（ポン）、2本（ホン）、3本（ボン）、4本（ホン）、5本（ホン）、6本（ポン）……と、「本」の音が変わるのは知っていますよね。でも、ルール（文法）は知りません。「促音のときには〝ポン〟」といったルールは、あとで知ってすっきりする。それと同じです。

……え、すっきりしませんか？　そうですね。しないかもしれません（笑）。日本人は日本語文法をあまり知りませんし、アメリカ人は英文法をあまり知りません。しょせん文法とはそういうものでしかありません。だから、英語の文法もあまりこだわる必要がないのです。

たくさん読んでいると文法が身体に入る

こうした背景を踏まえた上で必要な「文法」とは、いわば、「言葉のつながり方のモデルを学ぶ」ということです。

特別な教科書は必要ありません。たとえばわたしが使っているのは「Everybody

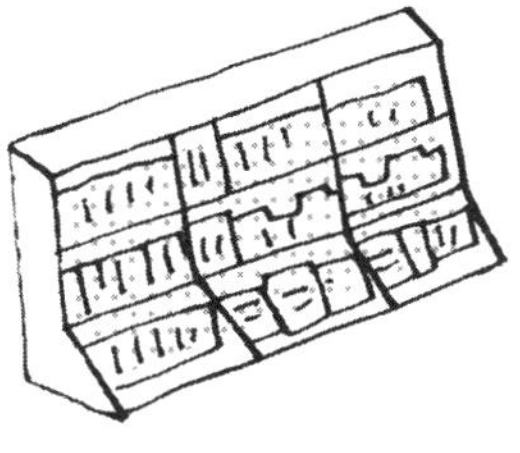

Up」（Oxford University Press刊）というテキストです。これはアメリカやイギリスのＥＳＬ（English School of Language）で使うことを想定して作られたもので、通常あしかけ5年かけて終える全5巻のテキストです。

これをわたしの教室では、1年2カ月で仕上げていきます。

そんなに飛ばしていいのかと心配されるかもしれませんが、それでいいのです。それは、この段階では、言葉や文法を教えるというより、「刺激を与えること」が大切だからです。

教科書をなめるように勉強するのではなく、それこそフラッシュカードのように大量の言葉を、そして文を、テンポよく聞かせ、見せていきます。そして、先生が大きな声で言い、子どもたちにも大きな声でリピートさせます。

これは、まだ言葉が話せない赤ちゃんに言葉の感性を育てていくのと同じです。

書けるようになったら、書けばいい

ここで紹介している勉強法はスピード感があります。そのもう1つの理由は「(英語を)書かせない」ということ。高速で英語を身に付けられる秘訣はここにあります。

考えてみてください。日本ほど識字率が高い国はありませんが、世界にはまだまだそうでない地域に住む方々がおられます。そうした人々は、文字を読めないし、書けませんが、話せるし、聞くことができます。この4技能は人間の脳のまったく違うところで展開しているのです。

それなのに、わが子に英語を勉強させるときには、どういうわけか書くことを強要する。さらには漢字文化圏のＤＮＡをもつのが日本人、中国人、韓国人。言葉の勉強をはじめるとすぐに書きたくなるのは生まれつきのようです。

しかし、それが学習スピードを落とす最大の原因になっていることに気付かなくてはいけません。

たとえば、What is it? It's a pen. などという英文を子どもに書かせていたら、1分半はかかってしまうでしょう。しかも、書かせてみたところで、pやbを左右反対に書いたりする。そこで注意すれば、子どもはいやな思いをしてやる気をなくします。

1分半も時間があるなら、

「5回読んでご覧。聞いててあげるから」

「10回読んであげるから、聞いてて」

としたほうが、よっぽど頭に入ります。

日本語を覚えるときを思い出してください。音声を聞かせ、読ませて、文法のアウトラインは見せても、そのつづりを書かせることは初歩の段階では無意味です。

「人間の理性は書くことで獲得してきたのでは？」

「書けなくて本当に大丈夫？」

こんな反論も聞こえてきます。でも、書くことはあと回し。書けるようになったら書けばよいのです。その時期が来たら徹底的に英語を書かせます。

英検4級取得したら「書くべき時代」

具体的に言うと、わたしの教室では英検4級を取得するまでは、授業中に子どもたちが字を書くことは、ありません。まだ書けないからです。しかし、その後の段階から書く練習を増やしていきます。

実際には、学習をはじめて1年半が経つころから、かなりの量を書きます。ただし、「今日の天気は……」といったあたりさわりのない内容ではなく、自分の意見を英語で書く練習をします。そこでのテーマは「現代社会のストレス解消法」「クレジットカードの問題点」「著作権問題」「オンラインミーティングの功罪」等々。一見簡単ではありませんが、子どもたちは、きちんと説明さえしてあげれば、しっかり自分の意見を書きます。

つまり、「書かなくていい時代」と「書くべき時代」のメリハリを付けて、習得段階にあわせて学習するのです。

いずれにしても、初心者さんの場合は、ルールを覚えさせる、というよりも、言葉のつながりのパターンを見せてあげる、ということを大事にしてみてください。

初心者用の本を繰り返し読む

多読の重要性をずっと語ってきました。とはいえ、いきなり月間50万語の読書はできません。ですので、初心者用の本からはじめましょう。

そのペースメーカーとなるのが、「オックスフォード・リーディング・ツリー（ＯＲＴ＝Oxford Reading Tree）」です。ステージ1から9まであり、テキストと音読ＣＤがセットになっています。

非常によくできたテキストで、わたしも、これがなければ読書指導は無理と思うくらい、この存在に助けられています。

もともとオックスフォード大学がイギリスの小学校の副読本としてつくったもので、今もロンドンの8割の学校が国語の教材として導入しています。名前の呼びかけが命令文のあとに来たり前に来たり、現在形を教える前に進行形が来たりと、英語学習者にとっては、理想的といっていい教材なのです。繰り返しを多用しているのも特徴です。登場人物はすべてのステージで共通しているので、同じ世界観の中で読み進められ、知らないうちに英語のレベルが上がっていくのです。

英語をはじめたばかりのお子さんには、これを毎週１パックずつ読むことをすすめています。８カ月で９ステージを読み切るスピード感が理想です。１話完結で非常に楽しいので、子どもたちは、覚えてしまうくらい繰り返し読み、ＣＤを聞きます。中には30回繰り返す子もいます。日常生活にすぐに使えるフレーズ、すなわち、英会話のネタが満載されていることも、人気の秘密です。

もちろん、このＯＲＴだけで十分なわけではありません。理想は、ＯＲＴで垂直方向に英語のレベルを引き上げながら、そのステージと同じレベルの本を読み、横にも広げていくスタイルです。つまり、垂直×横のかけ算。各レベルでおすすめの本をリストアップしてみたので、ぜひ参考にしてください（１０９〜１１２ページ）。ＯＲＴは、途中でレベルを下げて（実力を）確認してもかまいません。行ったり来たりしながら、もういいかなと思ったところで次に進めばよいのです。

親はマネージャーに徹する

子どもの成長は千差万別です。その子に合った寄り添い方が必要になります。たとえば、小学2年生の時点で英検4級をもっていて、ＩＢＳで勉強をはじめ、3年生で準2級を取得したDonald。その年の夏ごろ、お母さんとの二人三脚から卒業しました。授業も一人で出席して、2級の勉強も一人で奮闘しています。女の子の場合は発達が早く、早い子はこのころに一種の反抗期があります。そのときの状況判断もポイントでしょう。彼女の場合は、お母さんがいなくても、いやむしろいないほうが楽と考えたようです。この時期に一人でギアチェンジをして成功しているケースといっていいでしょう。

Cassiopeiaのお母さんが「歯の矯正は、親の責任と聞きました。でも、英語を身に付けさせることも、親の責任の1つかもしれないと思うようになりました」とおっしゃるのを聞いて、わたしは、なるほど、と思いました。どちらも、自分でなんとかしようと思える年ではタイミングが遅いからです。

親御さんが英語の達人である必要はまったくありません。最初の1年間、3級取得程度まで一緒に授業の内容を理解できるくらいの英語力があれば十分です。2年目に入ると、準2級に挑戦していきます。このときには、プレーヤーである子どもが楽しく元気に勉強できるよう、親は周辺環境を整えるマネージャーに徹すれば大丈夫。わからないことは教えてあげるのではなく、先生に聞くように促せばいいのです。

サポートの方法もご家庭それぞれでいいと思います。ある男の子のお父さんは、パソコンを使ってさまざまな教材をつくって学習サポートをしていました。

ある女の子（Renata）のお父さんは、子どもの励みになればと、ご自身で英検1級に挑戦されました。もともと英語がお得意だったそうですが、1級は難関です。しかも仕事をしながら勉強をするのは大変だったでしょう。その姿は、期待通り、子どものやる気に火をつけたようです。こんなふうに応援してもらった思い出のある子は、幸せですね。

大人のための新しい英語学習法

本書では、幼稚園生・小学校低学年生向けの英語学習についておもに書いていますが、ここで展開している英語習得のプロセスは、普遍的な言語習得プロセスですから、大人の方もぜひ参考にしてください。

まず、英英辞典を使った学習法は、ぜひ取り入れてほしい方法です。英語を英語で理解するのは英語学習の基本です。大人の場合、日本語変換で英語を学んでおり、一度そうしてつくられたデータベースを完全に再構築するのは困難ですが、少しずつでも正しい理解を積み重ねていくことは可能です。

英英辞典のそれぞれの単語の定義と例文を読み込めば、正確な語彙の定着に大いに役立ちます。慣れないうちはとまどうかもしれませんが、そのうち、英和辞典より使い勝手がよくなるでしょう。大人の場合、英検３級程度以上の英語力のある人なら、使いこなせるはずです。

おすすめの英英辞典は81〜82ページをご参照ください。

読書についても、圧倒的に読む量が足りていない人が多いと思います。公立中学３年間で読む教科書の収録語数は数万語程度。これだけの量しか読まずに英語のルールや単語のニュアンスをつかめるわけがありません。大学受験で読解のテキストをたくさん読んだといっても、ペーパーバックを数冊読んだといっても、それでも量はまったく足りません。

　簡単な英語を大量に読むというトレーニングもぜひ試してみてください。英語脳の強化に必ずや役立つはずです。

「一生懸命勉強したのに〝使える英語〟が身に付かなかった」「日本人英語から脱却できない」といった人は、ぜひチャレンジしてみてください。

「Phase1」から1日30分。まず時間をとってみることからはじめましょう。3カ月経つと、ずいぶん違っているはずです。

　巻末にはおすすめの書籍リストを載せました。参考にしてください。

あとがきにかえて――25年前、わたしの生徒だったみなさんへ

みんな、久しぶり。松井先生だよ。元気にしてたかな。

先生、あのあと、アメリカに行ってたんだけど、今は帰ってきて、また「塾の先生」やってるんだよ。

しょっちゅう、思い出していたよ、中学生だったみんなのこと。一人ひとり、あまりにも懐かしい。そして、嬉しい。

だけど一方で、いつも「悪いことしちゃったな…」って思ってた。「今だったら、あんな教え方しなかったのに」って。

みんな、本当によくがんばってくれた。だけど、ごめんね、あのときの英語、その後の人生で、あまり役に立たなかったんじゃないかな…。

がんばれば偏差値は上がる。だけども、そこから先はどうするんだ――。

あのときの先生は、教えてあげることができなかった。

教育っていうのは、世代から世代への贈り物だと、実感するよ。先生も、先生の先生から教えてもらったこと、自分なりに考えて、あんな形、「志望校には受かる」っ

て形にはできたと思ってる。

今のみんなは、あのときの先生を、はるかに超えている。立派な大人だ。

そう、みんなにも、小学生や中学生のお子さんがいるかもしれないね。

でも、あのときの松井先生と同じやり方やっちゃ、ダメだよ（笑）。

現実には「わが子に英語を教える」っていう平凡な営みにも見える。だけども、もっともっと深い意味がそこにはある。世代を超えて次の世紀を生きる、っていうとちょっと大げさかな。でも、そんな気持ちだよ。

先生もみんなも、あのとき、お互い「本気」だった。だから想い出は胸にいっぱい、今もキラキラ輝いている。

これからまた一緒にがんばろうよ、僕たちの力を合わせて。でも今度は、「自分自身の未来」ではなく、「次の世代の未来」を拓くこと。次代に何かよいものを残すことなんだと思うよ。

いつでも会いにおいで。先生、待ってるから。

さぁ、今また一緒にもう一度。あのとき以上に、がんばろう。

本書の作成に当たりましては、たくさんの方々のご協力をいただきました。謹んで、御礼申し上げます。

多忙のため、常にスケジュールに遅れるわたしを励まし、希望を与え続けてくださったBook Planningの笠原さん、高岡さんには、感謝の言葉もありません。また、ポプラ社の東谷さんには、いつも深い示唆を頂戴し、どれだけ勇気付けられたかわかりません。

また、わたしに「塾の先生」としての喜びとやりがい、そしてその「いろは」を教えてくれた早稲田アカデミーの瀧本社長、古田専務。27年前、若き日のお二人にお会いしていなかったら、そして育てていただかなかったら、今のわたしはありません。ただただお二人のもと、故・須野田塾長の理想を実現したいという思いでいっぱいです。

最後に、早稲田アカデミーＩＢＳのスタッフと、そして何より親御さんと、生徒さんとに御礼申し上げたいと思います。みなさん方がいらっしゃったからこそ、「未来を拓く奇跡の空間」が実現でき、この本ができました。みなさんと、夢と感動を共有できること、心からありがたく思っています。

【付録】英語を多読するための書籍リスト

初心者から上級者までが参考にできるリストです。一口に英書といってもレベルはさまざま。自分の英語力にあったものを読みたいものです。その際の交通整理として、早稲田アカデミーではすべての英書に、20段階の「Phase」を付けています。アルファベットを習う時期から読める「Phase 1」から、“Justice（「ハーバード白熱教室」）”レベルの「Phase 20」まで。少しずつPhaseアップしながら、実力を付けていきましょう。

■初級者（phase7 まで）のための phase の目安

	書名	著者	ワード数
phase1	1 文は 5 words 前後。ごく簡単な肯定文・疑問文・命令文。		
	● Good Night Gorilla	Rathmann, Peggy	45
	○ Alphabatics	MacDonald, Suse	26
	The Fire Engine (6/7)	Atkins Jill	27
【英検 5 級程度】			
phase2	1 文は 5 words 前後。could、will、イディオムなどが出てくる。いくつかの同じパターンの文の繰り返し。		
	● Rosie's Walk	Hutchins, Pat	32
	Patterns (5/7)	Rider, Cynthia	119
	Lemons are Not Red	Seeger, Laura Vaccaro	66
	○ Happy Day, The	Krauss, Ruth	130
	Project-X: 2: My Pet	Hughes, Monica	88
	National Giographic Kids: Hang on, Monkey!	Susan B. Neuman	176
phase3	1 文は 5 words 前後。状況説明が詳しくなるが、1 つのストーリーとして読める。		
	● Goodnight Moon	Brown, Margaret Wise	130
	● Brown Bear, Brown Bear, What Do You See?	Martin Jr, Bill and Carle, Eric	196
	◆ Biscuit Book and CD	Capucilli, Alyssa Satin	132
	Magic Tricks (3/7)	Blackmore, Neven	350
	Project-X: 3: Birthday Cake, The	Lane, Alex and Stuart, Jon	82
	Julia Donaldson A Biography (6/7)	Howell, Gill	480
	● Very Hungry Caterpillar, The	Carle, Eric	224
	Five Little Monkeys Jumping on the Bed	Christelow, Eileen	200
	Happy Birthday, Danny and the Dinosaur!	Hoff, Syd	278

	書名	著者	ワード数
【英検 4 級程度】			
phase4	1文が少し長くなる。 使われる文法・語彙も増えるが、まだ単語の繰り返しは多い。		
	Ice-Maker Ice-Breaker (4/7)	Birchall, Brian	650
	● Chika Chika Boom Boom	Martin Jr, Bill and Archambault, John	251
	◇ Mr. Gumpy's Outing	Burningham, John	283
	Clifford the Small Red Puppy	Bridwell, Norman	499
	○ Kitten's First Full Moon	Henkes, Kevin	261
phase5	状況説明がさらに詳しくなる。また、一人の視点ではなく、複数の視点が混ざり、人物それぞれの気持ちを表す描写が増える。中学文法は完全にはカバーされていない。比較、完了形などが出てくることもあるが、それほど頻繁には使われない。		
	Making a Space Shuttle (6/7)	Lee, Mary	1000
	○ Snow Day, The	Keats, Ezra Jack	317
	Froggy Gets Dressed	London, Jonathan	455
	● Giving Tree, The	Silverstein, Shel	620
	Project-X: 8: Attack of the Centipede	Burchett, Jan and Vogler, Sara and Stuart, Jon	769
	● Caps for Sale	Slobodkina, Esphyr	680
	◇ Frog and Toad Are Friends	Lobel, Arnold	2282
	◇ National Giographic Kids: Cats vs. Dogs	Carney, Elizabeth	1979
	Tooth Fairy	Wood, Audrey	429
phase6	Phase 7 より 1 つの本につき文法事項が限定的。		
	● Millions of Cats	Gág, Wanda	965
	◆ Curious George Goes to the Hospital	Rey, Margret & H.A.	1991
	◇ Amelia Earhart	Caroline Crosson Gilpin	1177
	Young Learners Classic Readers: Hans Brinker	Thacker, Stephanie Alexander	960
【英検 3 級程度】			
phase7	文が少し複雑に。難しくはないが、語彙が豊富に使われている。繰り返しも減少。 内容も、状況をただ描写するだけでなく、prediction が入っている。		
	● Harry the Dirty Dog	Zion, Gene	465
	○ Make Way for Ducklings	McCloskey, Robert	1089
	◆ National Geographic: Volcanoes!	Schreiber, Anne	1400
	◆ Rocks and Minerals	Kathleen Weidner Zoehfeld	1090
	Project-X: 12: Fun Run, The	Powling, Chris and Stuard, Jon	2147
	USBorne: Stories of Knights	Bingham, Jane	1803

■中級以上の人のために

	書名	著者	ワード数
phase8	Nate the Great Collected Stories: Volume 3	Sharmat, Marjorie Weinman	19467
	○ Where the Wild Things Are	Sendak, Maurice	340
	USBorne: Alice in Wonderland	Carroll Lewis	2966
	Elephant Man, The	Vicary, Tim	5400
	Ruby the Red Fairy #1	Meadows, Daisy	4000
phase9	Getting to Know the World's Greatest Artists: Van Gogh	Venezia, Mike	1096
	Marvin Redpost: Kidnapped at Birth? #1	Sachar, Louis	5209
	○ Sylvester and the Magic Pebble	Steig, William	1400
	Project-X: 14: Piranha !	Burchett, Jan and Vogler, Sara and Stuart, Jon	5000
	Project-X: 13: WOW ! Magazine	Lane, Alex and Stuart, Jon	5294
phase10	Who Was Wolfgang Amadeus Mozart?	McDonough, Yona Zeldis	7502
	Franny K. Stein Mad Scientist The Three-Headed Book	Benton, Jim	11689
	Christmas Carol, A	Dickens, Charles	WC 8882
	Library Lion	Knudsen, Michelle	1687
	USBorne: Oliver Twist	Dickens Charles	4050
phase11	● My Father's Dragon	Gannett, Ruth Stiles	7385
	Magic Tree House: #1	Osborne, Mary Pope	4750
	A to Z Mysteries: Absent Author, The #1	Roy, Ron	8517
	Rabbit-proof Fence	Garimara, Doris, Pilkington	10600
	Magic School Bus Inside a Beehive, The	Cole, Joanna & Degen, Bruce	1399
	Myths and Legends: Helen of Troy	Gates, Susan	3594
	Dragon Slayers` Academy: New Kid at School, The #1	McMullan, Kate	10055
phase12	Gandhi	Bladon, Rachel	16881
	◇ Because of Winn-Dixie	DiCamillo, Kate	22331
	Catwings	Le Guin, Ursula K.	2912
	Myths and Legends: How Winter Came into the World	Peet, Mal and Graham, Elspeth	2262